VUES POLITIQUES

SUR SAINT-DOMINGUE.

Adressées à MM. du Comité de la Partie de l'Oueſt,

PAR M. CHACHEREAU, Avocat au Conſeil Supérieur de Saint-Domingue.

AU PORT-AU-PRINCE,

chez MOZARD, Imprimeur- Libraire & Marchand Papetier, rue des Frontsforts.

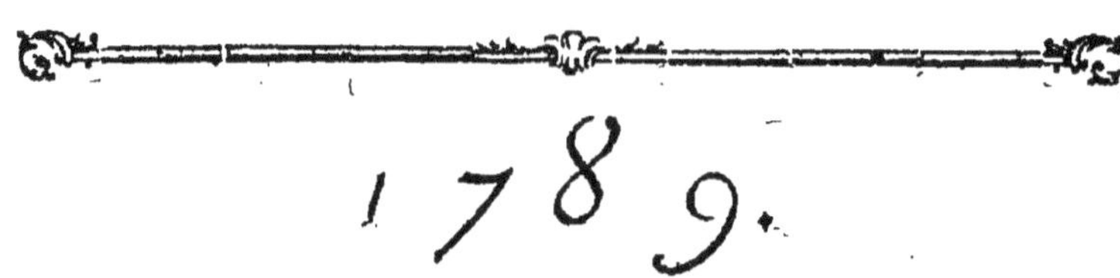

1789.

A MESSIEURS,

MESSIEURS, tenant le Comité au Port-au-Prince.

MESSIEURS,

PAR des déclarations rendues publiques *en cette colonie, le Roi a invité ses fidèles Sujets à la recherche de tout ce qui pouvoit conduire au bonheur de son Peuple & au développement des principes d'une bonne constitution.*

La colonie de Saint-Domingue, long-temps étrangère à la France par une impolitique attention ministérielle, est réunie en ce moment aux provinces qui forment l'Empire François.

Ses Députés à l'Assemblée Nationale semblent lui imposer une obligation bien douce à remplir, celle de chercher les moyens d'arriver à un plan qui, en élevant le citoyen jusqu'à l'Administration civile, fasse naître avec la vertu publique, cet heureux accord entre la puissance législative & la force exécutrice; principe immuable du bonheur d'une nation & de sa liberté individuelle.

Mais comme c'est par la communication des idées & par une constante application qu'on peut jeter les premiers fondemens de ce vaste édifice pour le rendre durable, permettez-moi, Messieurs, de vous faire l'hommage de quelques réflexions que je soumets à votre prudente activité.

Des occupations publiques & les difficultés de l'entreprise, bien au-dessus de mes foibles moyens, ne me permettent guère d'entrer dans une carrière si glorieuse.

Mais j'aurai rempli mon but, si l'imperfection même de mes recherches peut servir d'objet de comparaison & d'encouragement à tant d'autres, bien capables de jeter sur une matière aussi importante, un plan général *avec une clarté & une précision que je n'ai pu saisir.*

Dans les choses nouvelles sur-tout, le génie attend souvent une occasion pour se mettre en mouvement; mais par quelque moyen qu'on concourre à l'utilité publique, on acquitte toujours la dette d'un bon citoyen.

Je suis avec respect,

MESSIEURS,

Votre très-humble & très-obéissant Serviteur,

CHACHEREAU.

VUES POLITIQUES

SUR SAINT-DOMINGUE.

LES possessions Françoises à Saint-Domingue; cette ancienne colonie, dans son principe toute guerrière, fondée par la valeur & l'intrépidité des Flibustiers, passée ensuite au pouvoir du Gouvernement Francois, pour en acquérir la protection & former un établissement durable, est enfin devenue par l'accroissement d'une nombreuse population, par l'étendue & la perfection de ses précieuses cultures, par son influence dans le commerce, & par le développement rapide des arts & des sciences, une des plus belles, des plus riches & des plus importantes provinces de la France.

Mais cette belle contrée s'est toujours ressentie & se ressent encore du principe vicieux de sa constitution toute militaire ; elle en conſerve même les marques extérieures dans le régime des Milices bourgeoiſes, qui n'eſt plus pour elle que l'empreinte de l'eſclavage deſpotique, & le prétexte des vexations militaires ; elle en reſſent enfin toute l'influence juſque dans l'adminiſtration de la Juſtice, qui ſe trouve enchaînée par la conſtitution même de ſes Tribunaux.

S'il étoit bon alors de maintenir par une diſcipline ſévère des hommes accoutumés aux combats, ſans principes politiques, ſans police, ſans adminiſtration civile, & qui ne pouvoient conſerver leurs propriétés que les armes à la main ; cette forme d'adminiſtration ne pouvoit plus convenir à ces mêmes hommes, lorſqu'affermis dans leur colonie naiſſante par les armes Françoiſes, & par la politique du cabinet de Verſailles, il falloit en faire un peuple cultivateur, employer leurs bras & leur induſtrie, à tirer du ſein de la terre ces riches productions, deſtinées à enrichir le commerce de la France, & à lui donner une Marine capable de le protéger & de le faire reſpecter de ſes rivaux.

Cependant ce régime *militaire* a toujours ſubſiſté à Saint-Domingue ; on le voit ſe ſoutenir encore dans un temps où n'ayant plus d'ennemis à redouter, on a perdu jusqu'au souvenir des combats qui en ont assuré la conquête, parceque le Gouvernement a long-temps méconnu les avantages de cette riche acquisition; & cette insouciance ministérielle a beaucoup retardé les progrès de cet établissement, devenu enfin, par les encouragemens du Commerce, une des plus précieuses possessions de l'Empire François, malgré les vices de sa constitution, & les incertitudes de sa Législation, que des actes contradictoires & multipliés tiennent dans une fluctuation continuelle.

Cette colonie qui, dans son origine, ne présentoit qu'une peuplade d'hommes sans mœurs, sans principes, la plupart désavoués par leur patrie & tous livrés aux désordres que la licence & les vices traînent après eux, a enfin paru sous les rapports politiques qui devoient en faire un jour le plus bel établissement & la plus riche propriété de la France : on a commencé à sentir quels avantages on pourroit tirer d'un pays qui, par ses productions naturelles, offroit les ressources d'un commerce immense; soit par l'exportation des denrées & des ouvrages de l'industrie nationale, soit par l'importation de ses propres richesses qui, rendues dans nos ports, devoient ouvrir une nouvelle branche de commerce avec l'étranger.

Mais par une fatalité attachée à toutes les mesures prises, & loin des lieux où elles doivent être mises en action, & par des hommes que l'ignorance des choses, l'intérêt personnel & les pièges de l'intrigue conduisent à l'erreur ; Saint-Domingue a long-temps eu à combattre (outre les obstacles nécessairement attachés à un établissement nouveau, dans un pays lointain, sous un climat dévorant & exposé à tous les fléaux de la terre ;) les fautes du Gouvernement, presque toujours incertain dans ses plans, (1) les vices & l'instabilité de son administration intérieure, soumise au génie, aux passions, à l'intérêt de ses chefs & aussi changeante qu'eux.

Enfin, par la prodigieuse fertilité de son sol, par l'industrieuse & la persévérante activité de ses habitans, par des efforts dont l'histoire ancienne n'offre point d'exemple, par des émigrations nombreuses,

---

(1) *Les isles de l'Amérique ont été tantôt sujetes à des* privilèges, *tantôt* vendues *ou* données *à des particuliers, tantôt livrées à des associations ; tous systémes ruineux.*

par des torrens du ſang François, & par les fonds inépuiſables du Commerce national, Saint-Domingue a vaincu les obſtacles que le gouvernement miniſtériel, & les contradictions de ſon adminiſtration intérieure ont toujours opposés à ſes progrès, & s'eſt élevé, aux yeux de l'Europe étonnée, à un degré de ſplendeur qui a fait naître tout-à-la-fois l'attention du gouvernement & l'envie de ſes voiſins.

C'eſt par Saint-Domingue, c'eſt par un Commerce immenſe, qu'il alimente en donnant le mouvement & en entretenant l'activité des manufactures nationales, c'eſt par une Marine redoutable qu'il a régénérée & qu'il vivifie; c'eſt par les riches productions de Saint-Domingue que la France a repris dans l'Europe, cette antique grandeur, cette prépondérance dans l'ordre politique, qui l'a ſi long-temps fait reſpecter, & qu'elle avoit perdu un moment dans la vieilleſſe de LOUIS XIV, par les efforts combinés de la politique & de l'envie.

Tant de rapports avec la France ont néceſſairement dû lier, par la penſée & par les actions, les colonies à la métropole : elles ont dû jouir à leur tour, par la réaction de leur propre influence, de tous les avantages qu'elles ont portés en France; de là, ces émigrations nombreuſes de gens honnêtes, de gens inſtruits dans tous les ordres de la ſociété, qui ont porté dans les isles de l'Amérique, avec l'induſtrie nationale, les mœurs Françoiſes & l'exemple de la vertu; de là, la néceſſité indiquée par la réflexion, mais trop peu ſentie par une adminiſtration miniſtérielle, d'appliquer à cette nouvelle province le gouvernement François, ſon régime *civil*, & d'en écarter à jamais le ſyſtême *militaire*, capable d'étouffer dans leur germe les riches productions de ce ſol, dont la France ne peut plus ſe paſſer aujourd'hui dans le ſyſtême politique de l'Europe.

Enfin, après avoir vu flétrir les roſes de ſon printemps, par le ſouffle dévorant du deſpotiſme, la colonie de Saint-Domingue va donc cueillir les fruits bienfaiſans de ſon âge mur, & parceque la liberté naît toujours de l'abus de l'eſclavage; c'eſt par les efforts même que l'autorité miniſtérielle a faits pour reſſerrer ſes liens, qu'elle s'eſt dégagée de ſes entraves (2) & va recouvrer les *droits impreſcriptibles de l'Homme & du Citoyen.*

---

(2) Ordonnance du 26 Décembre 1788, *qui fixe à* cinq *le nombre des perſonnes qui voudront s'aſſembler pour délibérer ſur la tenue des États-généraux.*

Elle eſt déjà comptée au nombre des provinces de la France, elle eſt admiſe par ſes Repréſentans à mettre la main au grand œuvre de la reconſtruction de l'antique édifice de la conſtitution Françoiſe, ſi long-temps abandonné, miné dans ſes fondemens, par les inſtrumens du pouvoir arbitraire, & prêt à s'écrouler ſous ſes ruines; elle jouira donc avec la France de tous les avantages d'un bon gouvernement, l'homme ſera *propriétaire* de ſa perſonne & de ſa *penſée*, il ſera affranchi de ces liens de l'autorité ſouvent uſurpée, toujours deſtructive, il ne ſera ſoumis qu'à la Loi, & ſon obéiſſance reſpectueuſe ſera ſon bonheur, parceque la Loi ſera ſon ouvrage. Loin d'elle à jamais ce pouvoir arbitraire, qui pèſe tant ſur le citoyen honnête & ſur le planteur utile, confondus l'un & l'autre avec cette claſſe mépriſable d'hommes ſans mœurs & ſans aveu; ce pouvoir militaire dont les abus ſont ſi fréquens & ſi douloureux, qui ſe comptent par les jours de la ſemaine, pour ſe multiplier enſuite par les heures de la journée.

L'homme de bien, l'homme devenu utile à l'État par ſes talens, par ſes vertus, jouira donc enfin de la conſidération & des égards ſi inégalement, ſi injuſtement répartis juſqu'àpréſent dans une ſociété ſans conſtitution; l'homme ſera compté, non par ce qu'ont fait, par ce qu'ont été ſes ancêtres, mais par ce qu'il fera lui-même & par ce qu'il ſera dans l'ordre ſocial. Quel brillant avenir! Quel encouragement aux ſciences, aux arts, à la pratique du bien public & de la vertu!

Mais à tous ces avantages, que la colonie de Saint-Domingue va partager avec la France, s'enjoignent encore de bien précieux, qui lui ſont particuliers, & qu'elle doit tirer d'un plan d'amélioration intérieure; car ſon régime actuel eſt tel qu'il ne peut ſubſiſter avec la conſtitution qu'elle ſe prépare en France.

Tâchons d'en indiquer les vices : une main plus habile les développera.

LÉGISLATION.

La Législation de Saint-Domingue a tous les vices de celle de France & les ſiens propres; la puiſſance législative de toute la colonie, ſoit civile, ſoit de police, ſoit de finance, eſt concentrée dans les mains du Général & de l'Intendant, & dans celle du Miniſtre de la Marine, dont ils ſont tout-à-la-fois les agens & les moteurs.

Cette forme législative pouvoit convenir à un

peuple guerrier, tel que nous le présente cette colonie dans sa naissance; occupée à étendre ses possessions & à repousser ses ennemis; son administration pouvoit alors être bornée aux seuls besoins du moment présent, & la Loi du vainqueur pouvoit suffire à son maintien.

Mais lorsque ses limites ont été posées, lorsque ce peuple guerrier est devenu cultivateur & commerçant, il falloit à ses nouvelles mœurs publiques un nouveau régime; les principes de son administration ne pouvoient plus sans danger, être soumis aux variations, aux incertitudes & à l'inexpérience politique de ses chefs militaires.

Les hommes pour qui on faisoit la Loi, qui devoient y être soumis, dont elle devoit assurer le bonheur, devoient être consultés sur la Loi; c'étoit par la réunion des membres de l'association, c'étoit par les lumières acquises dans les différens ordres de la Société, c'étoit par une méditation réfléchie, née d'une longue expérience, qu'on pouvoit espérer d'atteindre à une Législation liée à la nature des lieux, aux idées publiques, aux besoins politiques, & dirigée vers le but de toute union sociale, *le bonheur des associés.*

Si ce plan de Législation avoit été appliqué aux isles Françoises de l'Amérique, elles n'auroient pas eu à combattre les longues erreurs d'un gouvernement ministériel, elles n'auroient pas été tourmentées par des privilèges, elles n'auroient pas été agitées par des troubles intérieurs, qui laissent encore le souvenir douloureux des malheurs qui les ont affligées; elles n'auroient pas eu à lutter contre tous les efforts réunis d'une administration qui ne pouvoit leur convenir.

Mais tel a été le funeste effet de cette Législation ministérielle & arbitraire, qu'au milieu d'un code volumineux, grossi par des Réglemens innombrables, incohérens, conçus & dirigés sans prévoyance, comme sans ordre; surchargé de décisions ministérielles, souvent aussi hasardées qu'injustes; Saint-Domingue est sans Loi positive, sans organisation qui lui soit propre; & au milieu du désordre politique qui l'entoure, il présente l'image d'un arbre antique né dans les forêts, au milieu des ronces, & parvenu enfin par la fertilité inépuisable du sol, à couvrir de ses rameaux, à donner l'appui & la subsistance à ces plantes parasites, réunies à sa naissance pour l'étouffer dans le germe.

Qu'attendre en effet de Législateurs nourris des

préjugés du cabinet de Verſailles, étrangers aux mœurs, aux uſages, comme au ſol, aux productions & à l'induſtrie d'un pays, enthouſiaſtes de leur diſcipline militaire, expoſés à toutes les ſéductions de l'amour-propre & de l'adulation; qu'attendre enfin d'une Légiſlation triennale, ſoumiſe à toutes les variations du caractère & des paſſions de ſes coopérateurs *amovibles*?

Lorſqu'on voit l'immortel *d'Agueſſeau* entouré des plus ſavans Magiſtrats & Juriſconſultes de ſon ſiècle, paſſer des années entières à la formation d'une Ordonnance, qui n'eſt pas ſans imperfection, (3) peut-on voir ſans effroi la Légiſlation d'une colonie précieuſe, d'un peuple nombreux, abandonnée à un *militaire*, qui a la prépondérance dans les délibérations d'ordre public, capable ſans doute de diriger les plans d'une attaque, mais à coup-sûr, qui n'a pas la ſcience profonde & la mûre expérience d'un Légiſlateur?

La colonie de Saint-Domingue, ſemblable au moral & au phyſique à un enfant robuſte, qui a acquis toute la vigueur du corps & la maturité de

---

(3) *L'Ordonnance criminelle.*

l'esprit, malgré les principes vicieux d'une éducation négligée, a besoin à présent d'un régime qui lui assure une longue & tranquille vieillesse.

Mais ce ne sera pas en lui appliquant sans cesse l'irritante Législation ministérielle, ni celle d'un Général & d'un Intendant, qui ne connoissent ni l'étendue de ses forces, ni le terme de ses ressources, qu'on parviendra à reculer l'époque de sa décomposition; ce sera en lui abandonnant à elle-même le soin & la surveillance de sa police intérieure, & en la soumettant aux Loix fondamentales de la France, qui seront les bases inébranlables de son Administration publique, avec les modifications que la nature de ses richesses territoriales & mobiliaires, rendront nécessaires.

La colonie n'oubliera pas & ne peut pas oublier le but de son établissement; elle ne méconnoîtra jamais les rapports intimes qui la lient à la métropole : son intérêt personnel seroit un jour garant de sa fidélité, si ses liens fraternels pouvoient laisser douter de son attachement inviolable; elle attend avec un empressement religieux; elle recevra avec un attendrissante reconnoissance, la constitution qui doit fixer à jamais sa destinée : son plus ardent desir

est

est de s'unir à la France par des liens que l'autorité ministérielle ne puisse jamais rompre. (4)

Elle sait que c'est dans la constitution même de l'État, & dans les délibérations de l'Assemblée Nationale, que ses relations d'intérêt *public* avec la France, doivent être présentées, combinées, & à jamais affermies.

Mais il est bon qu'on sache qu'on ne peut appliquer à Saint-Domingue un plan d'imposition qui conviendroit peut-être à la France. Les productions de la terre ici représentent l'intérêt des grands capitaux mis en France dans les manufactures; & les fonds nécessaires pour mettre en mouvement ces grands établissemens sont si prodigieux, que les propriétaires des biens à Saint-Domingue sont quelquefois ceux qui y ont le moindre intérêt; il n'est pas rare de voir un propriétaire qui, riche en apparence d'un million, n'a pas cent mille francs. C'est son crédit, c'est la fertilité connue de son terrein, c'est le commerce qui met en ses mains des fonds

(4) *L'aliénation du peuple nombreux de la Louisianne, vivra éternellement dans le souvenir de tout habitant des colonies.*

ſi conſidérables, qui ſouvent n'appartiennent pas à la colonie, mais dont elle paie l'intérêt au commerce de France.

Les reſſources de la colonie ne peuvent être connues que d'elle ; c'eſt elle qu'il faut conſulter ; elle ſeule peut travailler à une juſte, à une égale répartition de la charge publique.

Mais c'eſt par ſes *vrais* repréſentans qu'elle doit être entendue ; comme province de la France, elle a droit à une aſſemblée provinciale, ſubdiviſée en comités permanens dans les trois quartiers principaux du *Nord*, de *l'Oueſt* & du *Sud* ; & réunis en corps d'aſſemblée coloniale, à de certaines époques, pour ſanctionner proviſoirement les plans de réforme & d'amélioration à propoſer aux tenues prochaines des aſſemblées nationales en France.

Mais cette aſſemblée doit avoir la même organiſation, la même indépendance & la même liberté que celles des provinces de France ; différente en cela de ces aſſemblées *dites coloniales*, conſtituées de manière que l'état & le rang y aſſignent une place, ſans l'intervention & ſouvent contre la confiance publique ; auxquelles on appelle, avec le corps judiciaire des Cours ſouveraines, quatre Commandans de Milice de chacune des parties du *Nord*, de *l'Oueſt* & du *Sud*, (5) dont les ſuffrages ſont évidemment concentrés dans la volonté du Miniſtre, préſentée avec toute l'influence de l'autorité militaire ; tous enchaînés, les uns par l'eſpérance des récompenſes militaires, & tous enſemble, par la conſtitution même de l'état qui les appelle à ces délibérations. (6)

C'eſt ainſi que le vœu de la colonie ſera tranſmis, qu'on ſera véritablement éclairé ſur ſes beſoins ; c'eſt ainſi qu'on obtiendra des ſecours, des ſacrifices, des plans d'une ſage adminiſtration & dans les finances & dans la police, ſi néceſſaire dans un pays peuplé d'eſclaves, où la vie des hommes qui l'habitent eſt ſans ceſſe environnée de piéges, & dont la deſtinée dépend peut-être du frein à mettre à l'excès de licence, entretenue par l'abſence de loix capables de la prévenir & de l'arrêter, & qui ne peuvent naître que ſur le ſol même de Saint-Domingue.

Cette partie de l'Adminiſtration intérieure de Saint-

---

(5) Ordonnance du 1er Février 1766, *qui règle la forme des aſſemblées* coloniales.

(6) *Les officiers de Juſtice & ceux de Milice tiennent leur état ſoit du Miniſtre, ſoit des Adminiſtrateurs.*

Domingue, exige ſeule un long développement, dont cet apperçu n'eſt pas ſuſceptible, qui ne peut être convenablement fait que dans la colônie, par les connoiſſances locales qu'il exige, mais auquel il eſt d'autant plus urgent de ſe livrer, qu'entraînés par un ſentiment louable d'humanité, des hommes de bien préſentent un plan de réforme, appuié ſur d'antiques relations toujours exagérées, & auſſi éloignées des mœurs préſentes des habitans de Saint-Domingue, que celles de ſes anciens conquérans, mais qui ſeroit le ſignal de mort d'un peuple nombreux d'hommes policés & utiles à l'état ; qui ſépareroit ſans retour de la France cette riche province devenue le vaſte tombeau de trente milliers d'hommes ; & celui de la ſplendeur & de la richeſſe de la France, ſi jamais *la poſſibilité* d'une ſi effrayante révolution pouvoit frapper l'oreille de cette prodigieuſe quantité d'hommes, pour qui l'inaction eſt le ſouverain bonheur ; & que la diſcipline domeſtique & la ſubordonnation ſeules ſont capables de fixer au travail, dans un pays où la terre offre *ſans culture* les premiers beſoins de la vie.

C'eſt en appelant le colon aux délibérations publiques, c'eſt en y faiſant régner cette liberté d'opinions, dont le choc en fait naître d'autres qu'on n'attendoit pas ; c'eſt en excitant l'émulation, qu'on verra développer le génie enchaîné par l'excès du pouvoir arbitraire, & qu'on arrivera enfin à une législation heureuſe, qui attachera le colon à Saint-Domingue, qui fera chérir l'autorité même, par les rapports qu'elle établira avec elle, qui maintiendra dans toute ſa ſplendeur cette belle colonie, qui ajoutera enfin aux jouiſſances d'une grande aiſance qu'elle préſente, le bonheur réel d'une vie douce & heureuſe, en éteignant dans les cœurs ce deſir immodéré de retour dans la métropole, principe du tourment, des angoiſſes, des agitations, & peut-être de bien des déſordres, auquels les habitans de Saint-Domingue ſont livrés.

Mais ſi un concours heureux d'événemens publics nous prépare un bonheur durable, rendons-nous dignes des pénibles efforts qu'une nation généreuſe fait pour nous! Juſtifions, par une conduite meſurée, par une application à la recherche des vérités utiles, notre confraternité avec la France! Redoublons d'amour pour un monarque qui doit vivre éternellement dans les cœurs François, par le ſentiment de la reconnoiſſance! Reſpectons ſa bienfaiſante autorité juſque dans ſes repréſentans, qui joignent peut-être en ſecret leurs deſirs ſincères aux vœux communs! Défions-nous de ces mouvemens déſordonnés d'une haine aveugle! Que l'homme public ſoit reſpecté, que les restes d'une administration trop sévère peut-être; mais heureuse sous bien des rapports publics, ne deviennent pas le prétexte d'une licence plus fâcheuse encore que ses rigueurs! Que chaque chef de maison porte le sang-froid & le calme dans ces esprits qu'une bouillante jeunesse peut facilement égarer! Que la saine portion des citoyens se garde de se confondre avec cette classe d'hommes sans moeurs, sans état, plus intéressés à faire naître le désordre qu'à le prévenir, espèce d'insectes dévorans, indispensablement attachés au corps politique d'une nombreuse population! Que la dette publique soit consolidée, & continue d'être payée pour acquiter les besoins *publics* qui subsistent toujours! Et puisque *nous aussi nous sommes François*, imitons cet acte de justice & de prudence de notre assemblée nationale, dont les premiers regards se sont fixés sur le maintien de l'ordre anciennement établi; qui a dirigé toute son attention vers cet objet important d'utilité publique, qu'on ne peut méconnoître sans danger: *l'autorité judiciaire des Tribunaux*. Que la Justice conserve tous ses droits, qu'elle les exerce, sans obstacle, dans toute sa puissance! Evitons ces actes de violence que rien n'a préparés ici, contre lesquels la France assemblée a pris de sages mesures, & dont on ne peut ni prévoir ni calculer les funestes effets ; aimons enfin l'organiſation préſente de la Juſtice diſtributive avec ſes imperfections juſqu'à ſa parfaite reſtauration.

JUSTICE.

L'Adminiſtration de la Juſtice à Saint-Domingue & dans toutes les isles Françoiſes de l'Amérique eſt dans un engourdiſſement, une imperfection, un déſordre, une apathie, nés de ſa propre conſtitution, & entretenus par le ſyſtême deſpotique des bureaux de Verſailles : c'eſt de là, c'eſt de cet aſſemblage d'hommes ſans connoiſſances *judiciaires*, c'eſt ſouvent par un commis de ces bureaux redoutables, que ſe donne le mouvement à la Juſtice de Saint-Domingue : les intrigues, les paſſions, l'intérêt perſonnel, qui peuvent ouvrir l'accès des bureaux de la Marine, ſe font ſentir juſques dans les corps judiciaires à Saint-Domingue ; ils ébranlent ſouvent la main de la Juſtice, par la préſence, par l'aſcendant des chefs *militaires*, dans les délibérations des cours ſouveraines.

Elles ſont tellement organiſées, que ſouvent le parti militaire, même dans ſes intérêts particuliers, balance par le *nombre* les opinions qui doivent fixer la fortune, l'honneur & la vie des citoyens : cependant, ce n'eſt pas par des connoiſſances acquiſes dans la légiſlation, par une application à l'étude des loix, par une méditation réfléchie du Droit, que le militaire acquiert ce caractère judiciaire, cette importante fonction de juger les hommes ; c'est un *privilège* attaché à son élévation : & pour l'homme de loi, qui a consacré tous ses momens à cette étude profonde, c'est un devoir pénible à remplir.

Si à cet ascendant par le *nombre* on joint l'influence *Ministérielle* dont le parti militaire est souvent le maintien, & dans les affaires publiques & dans les intérêts privés, on peut être justement effrayé d'une pareille constitution, qui présente au moins la *possibilité* des plus révoltans abus, & des plus monstrueuses injustices.

D'abord l'état & le traitement des Officiers du Conseil, sont dans les mains du Ministre de la Marine : c'est lui qui en expédie les brevets, c'est lui qui fixe les émolumens, c'est lui qui règle les honneurs.

Ce premier apperçu développe le germe de tous les abus qui vont suivre : en effet, de là nulle expérience des sujets capables de remplir dignement ces importantes fonctions, nulle application dans le choix des personnes, & plus que tout cela ensemble, cet empire tyrannique qui interdit jusqu'à la liberté des opinions, & qui enchaîne la Justice dans son temple même.

Au principe vicieux qui constitue l'état des Conseillers titulaires, se joint l'attribution plus vicieuse encore donnée aux chefs de la colonie, de pourvoir aux places d'Assesseurs & de substituts du Procureur général. La nécessité de faire renouveller ces commissions tous les trois ans, le besoin (7) de l'assistance & de la protection des Chefs, pour devenir titulaires, la foiblesse nécessairement attachée à un état précaire; tout cela est bien capable de vicier, de corrompre le jugement de ces Officiers secondaires, même sans la participation immédiate du cœur: si ces imperfections ne produisent pas toujours ces funestes effets, elles attaquent, elles ébranlent, elles détruisent la confiance publique, qui doit être un des attributs essentiels de celui destiné à juger les hommes: sans confiance dans le Magistrat, plus de rapport entre le justiciable & lui, plus de respect pour la Justice elle-même, qui paroît dès-lors l'ouvrage de la séduction, de la foiblesse, & des passions secrettes.

Si des Cours souveraines on passe aux justices inférieures, on trouve les mêmes dangers, nés des mêmes causes, entretenus par les mêmes principes d'admi-

(7) En 1759 *le Général a pris sur lui de retenir un* brevet *de Conseiller titulaire, expédié pour un assesseur, uniquement parcequ'il avoit opiné avec fermeté contre l'avis du Général.*

niſtration, (8) & ſoutenus encore par la dépendance immédiate où ſe trouvent ces juſtices inférieures, par rapport aux Cours ſouveraines, qui doivent néceſſairement leur communiquer le degré de gêne, d'oppreſſion & de ſervitude qu'elles éprouvent elles-mêmes.

Mais cette influence directe du pouvoir miniſtériel dans les opérations de la Juſtice ordinaire, eſt un des moindres malheurs qui affligent la colonie; la préſence de ſes chefs militaires, qui ſemblent n'être placés au milieu des Magiſtrats que pour faire céder leurs opinions à l'autorité miniſtérielle, & pour étouffer dès ſa naiſſance le deſir de travailler à l'établiſſement d'un meilleur ſyſtême politique, l'autorité qu'ils y exercent au nom du Miniſtre (9) les porte naturellement à étendre celle dont ils ſont revêtus, & dont les bornes ſont, à la vérité, bien déterminées, mais

(8) En 1756 *un Général a, de ſon autorité* privée, *envoyé en France un Procureur du Roi; & l'a dépouillé de ſon état: il étoit innocent, & a été pourvu par le Miniſtre du même état dans* une autre juriſdiction.

(9) *Au ſujet d'un enregiſtrement que le Miniſtre prévoyoit devoir éprouver quelque difficulté, il marquoit au Général* » Sa Majeſté vous charge de me rendre compte » de tout ce qui ſe paſſera, & de m'envoyer une liſte » des officiers DU CONSEIL ſupérieur qui s'oppoſe-

qu'ils ont toujours reculées au gré de leurs desirs.

Si l'on remonte à un temps ancien, on voit des abus d'autorité qu'à peine on croiroit, s'ils n'étoient consignés dans les dépôts publics : là c'est un major qui maltraite à coups de bâton un habitant, à qui toute justice est interdite, parceque le Gouverneur s'oppose à l'instruction de la procédure : ici c'est une lettre écrite à un Lieutenant de Roi, qui annonce que le Roi est fatigué des plaintes, des violences que les Officiers exercent sur les habitans.

En 1708, un Gouverneur fait défense au *Procureur général* de donner suite à un procès instruit contre un Juge du Port-de-Paix, qui a cependant été cassé par arrêt, pour *prévarication.* (10) On voit fréquemment dans un temps reculé des Conseillers interdits par *le Général*, pour avoir formé opposition à *ses Ordonnances* : (11) un Juge *forcé* de demander acte de sa démission, attendu

---

» ront à l'enregistrement, & il en sera fait un exemple » qui apprendra aux autres à se renfermer dans les » bornes de leur devoir. *Vous ferez faire cet enregistrement nonobstant* ses refus. »

(10) *En 1708.*

(11) *En 1711.*

les *mauvais traitemens* (12) du Général : un Juge, (13) un Procureur du Roi mis en prison *par ordre du Général* ; un Huissier aux *fers* ; les uns pour avoir instruit une procédure, l'autre pour avoir donné assignation contre la volonté d'un Général : (14) des Arrêts du Conseil *biffés* par le Général, qui se fait apporter les plumitifs des audiences. (15) Un major qui met en prison, en vertu d'une Sentence, malgré *l'appel* : (16) l'Intendant qui évoque à lui & juge une instance *criminelle* : le Général qui évoque à son tour une procédure instruite en duel, qui refuse de remettre la procédure, & qui finit par écrire au Conseil qu'il n'a point de *connoissance à lui donner de ses pouvoirs*, *qu'il n'en doit* pas compte *à une Cour souveraine qui se trouve dans tous les cas soumise à ses ordres.*

Si un régime plus doux avoit succédé à ce temps d'anarchie, si les bornes de l'autorité militaire, si souvent indiquées par le Ministre, mais toujours impuissamment affermies, avoient rendu à l'administration de la Justice, cette indépendance, cette stabilité, ce degré

(12) *En 1709.*
(13) *En 1737.*
(14) *En 1747.*
(15) *En 1755.*
(16) *En 1754.*

de puiſſance, ſi néceſſaires dans un pays devenu ſi important, ſi digne de protection & par ſa richeſſe & par les mœurs de ſes habitans, la colonie auroit perdu le ſouvenir de cette étrange conſtitution : elle ne penſeroit à ſes ſouffrances paſſées, que pour goûter davantage les douceurs de ſon état préſent.

Mais malheureuſement ce pouvoir arbitraire s'eſt ſoutenu, ſinon avec le même caractère deſtructif de tout ordre ſocial, du moins toujours aſſez activement, pour écarter de ce pays ceux qui pourroient encore s'y rendre utiles, ſoit en continuant l'exercice des fonctions publiques, ſoit en exerçant les arts, ſoit enfin en formant des établiſſemens, & devenant pères de famille.

Et comme nous le diſions pour un citoyen cruellement vexé par *un major*, » Qu'on juge par l'état » préſent de cette colonie, de celui qu'elle auroit & » qu'elle pourroit avoir encore, ſi une autorité douce » y attachoit le colon, ſi l'influence de la Juſtice » pouvoit ſe faire ſentir, ſi elle n'étoit pas ſouvent » arrêtée dans ſon cours par le pouvoir arbitraire, » même lorſqu'il paſſe entre les mains d'un Officier » de milices. »

Les progrès rapides que Saint-Domingue a faits dans les mœurs, dans le développement des arts & des ſciences, & dans l'accroiſſement de ſa population, n'a pas fait changer le ſyſtême politique de ſon Adminiſtration: l'autorité militaire s'eſt toujours fait ſentir, parcequ'elle n'a jamais trouvé un frein capable d'en faire ceſſer les abus, dans les ordres du Roi, toujours tranſmis par le Miniſtre avec des ménagemens plus propres à les encourager qu'à les contenir; tandis que, d'un autre côté, la réſiſtance de la Juſtice à ces uſurpations continuelles, étoit réprimée par des duretés, par des menaces & par des humiliations, qui devoient néceſſairement lui ôter le reſte d'énergie qu'elle pouvoit avoir.

Dans les temps les plus rapprochés, (17) on a vu un Major de place *s'oppoſer* à la publication d'un Arrêt du Conſeil: on a vu un Intendant *deſtituer* un Officier public ſans *inſtruction*. (18) Dans cette affaire, bien ſingulière, le Général & l'Intendant donnent ordre à l'Officier pourſuivi de ſe rendre auprès d'eux, tandis qu'un Arrêt du Conſeil le mettoit ſous la ſauve-garde de la Juſtice, & ordonnoit qu'il ſeroit informé de ſa conduite, tant par témoins que par atteſtations des Officiers de la juriſdiction: enfin un Arrêt définitif qui le renvoie à ſes fonctions.

---

(17) *En 1775.*
(18) *En 1775.*

Mais cette protection judiciaire a été présentée & *reprochée* au Conseil, comme une *scandaleuse désobéissance* aux ordres des chefs d'administration ; on a mis en principes que dans les climats éloignés, toute *activité* doit être interdite aux Tribunaux contre les actes *émanés de l'administration.*

C'est bien précisément dans les climats éloignés, parcequ'il est difficile de se faire entendre, qu'il est impolitique de laisser un libre cours à cette autorité militaire, toujours prête à frapper, & il n'y a au contraire aucun danger à laisser agir le cours de la Justice, composée d'hommes impassibles, & sur qui les passions agissent, comme on a dit, avec bien moins d'empire que sur l'esprit militaire, accoutumé à une discipline dont l'activité est aussi contraire au régime social, que les lenteurs, le calme, & les formes de la Justice lui seroient nuisibles à elle-même.

Ces maximes de pouvoir arbitraire, destructives de toute liberté individuelle, & qui usent par la suite les constitutions les mieux combinées, ont cessé de convenir au régime de la colonie depuis qu'elle est peuplée par des hommes de moeurs douces, amis de l'ordre & intéressés à le maintenir.

Si c'est par les armes que les Empires se forment & s'étendent, c'est par la loi qu'ils se soutiennent dans toute leur puissance, lorsqu'ils sont parvenus au terme de leur véritable grandeur & de leur élévation : il faut donc faire aimer la loi, la faire respecter, il faut que le citoyen trouve dans la loi même un secours assuré, une protection efficace, soumise à ses seules règles invariables comme elle, & affranchie de toute dépendance étrangère.

Mais jamais dans la colonie de Saint-Domingue, la loi ne parviendra au dégré de fixité, à cette heureuse indépendance, tant que les Magistrats, chargés de l'appliquer, seront le jouet perpétuel de l'autorité immédiate d'un Ministre étranger à leurs fonctions, tant qu'ils seront dégradés par l'influence tout-à-la-fois ministérielle & militaire. On verra toujours la Justice sujette à mille variations, on verra chez le Magistrat le dégoût & une sorte d'insouciance, prendre la place du véritable attachement à ses devoirs, & du desir ardent de les remplir.

Que les ennemis de cette magnifique province cessent donc d'en calomnier les habitans ; ils ont la même douceur de mœurs, le même respect pour la Loi, le même amour pour leur Souverain que les François : Saint-Domingue se seroit-il élevé à ce degré d'importance, seroit-il devenu le séjour des arts & des sciences, s'il avoit été livré à des hommes sans foi, sans mœurs, sans police, sans idées de bien public ?

l'histoire

l'Hiſtoire fournit-elle l'exemple d'une nation enrichie par l'agriculture & le commerce, lorſque ſon peuple étoit livré à tous les excès des vices, de la licence & de l'inſubordination? Peut-on même concevoir l'idée du déſordre politique avec la préſence de tous les arts, chez un peuple cultivateur?

Mais tel eſt l'aſcendant de l'eſprit militaire, qu'il corrompt l'eſprit & le jugement : l'habitude d'une diſcipline expéditive, qui établit dans les troupes l'ordre & qui le maintient, ne préſente plus dans l'ordre civil qu'une nombreuſe armée, & celui qui la commande, croit, dans toute la franchiſe de ſon ame, pouvoir l'appliquer avec le même ſuccès au corps politique, dont l'organiſation eſt bien différente.

Si jamais quelques circonſtances appelent à un plan d'adminiſtration politique celui qui s'eſt vu à la tête des troupes, qu'il ſoit en garde contre ſa propre expérience, qu'il ſe prémuniſſe contre les ſéductions de l'amour-propre, toujours flatté d'un commandement ſans bornes; qu'il rompe tous les liens qui peuvent l'attacher encore au ſyſtême militaire, s'il veut contempler l'homme en ſociété. Ce n'eſt plus ce corps apathique, mû ſous ſes ordres, par un ſentiment d'aveugle obéiſſance; c'eſt un peuple nombreux, guidé par l'inſtinct d'un intérêt perſonnel éclairé, que le grand art consiste à diriger vers le bien public, en le liant au sien propre.

Le temps de l'illusion est passé, la France assemblée, qui pèse les grands intérêts politiques, a reconnu les planteurs de Saint-Domingue pour ses frères: elle ne les laissera pas gémir encore sous le poids du pouvoir arbitraire, lorsqu'elle dirige ses premières attentions *vers les droits de l'homme:* pour jouir de toute la plénitude de ces droits, il faut un Tribunal où l'on puisse les revendiquer quand ils sont violés; & ce Tribunal ne peut plus être à la disposition d'un seul homme, qui le fasse mouvoir à son gré.

Il doit recevoir la même organisation que ceux de la France, il ne peut se soutenir que par les mêmes principes, & il est facile de *l'entourer de précautions politiques, pour qu'il soit toujours utile, sans jamais être dangereux.*

C'est en travaillant ainsi au bonheur des colons, qu'on portera cette belle province à son plus haut degré de richesse, & cet objet important intéresse la France entière.

Les possessions de l'Amérique sont devenues, par un concours d'idées politiques & de besoins publics, si précieuses, que non seulement la France, pour son intérêt personnel, mais l'Europe entière, pour le maintien de cette balance entre les puissances, doit en assurer la propriété à l'Empire François : ce sont les colonies qui consomment aujourd'hui une partie considérable des ouvrages manufacturés, & des productions du sol de la France, tels que toiles, soieries, draps, meubles précieux, bijouterie, vins, farines, huiles, savons, &c. &c. Si elles cessoient d'offrir à la France ce vaste débouché, que deviendroient dans ses marchés tous ces objets de luxe & de première nécessité, qu'elle ne peut pas consommer elle-même ? La France ne trouveroit pas, sans doute, à les placer avantageusement chez l'étranger, dont les demandes sont mesurées sur ses besoins proportionels, & sur ses moyens numéraires de les satisfaire, & non pas sur la quantité spécifique de ces objets qui se trouve surabondante.

Si les colonies sont un des principaux instrumens de la splendeur & de la richesse de la France, en perdant tous les avantages qu'elle en retire, elle diminueroit sensiblement son importance dans le systême politique, en tarissant les sources de son commerce, & en détruisant l'activité de sa force maritime, nécessairement affoiblie.

La puissance étrangère, qui soumettroit les colonies à ses Loix & à son commerce, acquéreroit une prépondérance bien capable, aux yeux de l'Europe, de rompre cet équilibre politique, dont le maintien préserve au moins d'une invasion dangereuse, s'il n'est pas le principe d'une paix durable.

Par des calculs faits en cette colonie, la France *exporte* annuellement pour Saint-Domingue 148,350,230 livres en marchandises objets de subsistance, & elle *importe* en retour dans ses ports pour 175,815,766 livres de denrées coloniales : elle emploie à ce commerce 658 vaisseaux de long cours.

Peut-elle renoncer aujourd'hui à cette masse de commerce qu'elle a défendue avec tant de courage ? Peut-elle occuper utilement tous les bras employés à ce mouvement qui reçoit une réaction en France, quand l'étranger vient y chercher ce qu'elle ne peut consommer elle-même ? Pourroit-elle enfin payer maintenant à l'étranger sa propre consommation des denrées coloniales, que son luxe & ses besoins lui rendent nécessaires, & qui s'élève à plus de 50 millions ?

Il faut pourtant qu'elle se résolve à perdre (*sans retour*) tous ces avantages, si plus long-temps abusée par le fanatisme de l'humanité, elle n'apperçoit pas enfin les ruses politiques d'une rivale d'autant plus dangereuse par ses pièges, qu'elle est plus douloureusement affectée de son impuissance de la combattre, & qu'elle a le cœur ulcéré par le desir secret d'une vengeance politique qui lui fasse entrevoir l'efpérance de recevoir dans nos colonies le dédommagement de la perte des fiennes, *fans avoir à combattre.*

Que la France fe faffe éclairer *par des gens de bien*, elle fera bientôt convaincue que le fort de ceux auxquels elle eft prête à facrifier fon propre bonheur, eft préférable, fous *tous les rapports*, à celui de nos *travailleurs* dans nos villes & dans nos campagnes en France, à celui des Africains mêmes, livrés fous les tyrans d'Afrique à tout ce que la barbarie d'un peuple fans mœurs & fans idées morales a de plus cruel; elle fera convaincue que ceux qui excitent en elle ce fentiment généreux, mais aveugle, ne peuvent recevoir un préfent dont ils n'ont jamais connu l'étendue ni les bornes, que pour en abufer, & fe replongeroient bientôt eux-mêmes dans l'état dont on veut les tirer, fous lequel ils font *nés*, & pour lequel on peut dire qu'ils font faits, comme tous les peuples de la zone torride; elle s'épargnera fans doute alors les longs & inutiles regrets qu'elle fe prépare.

Si les colonies lui ont fait oublier les malheurs publics qui ont fuivi la fatale révolution de *l'Édit de Nantes*, qu'elle fe peigne l'état de misère & d'abjection dans lequel elle eût vécu, & ce qu'elle feroit aujourd'hui dans l'ordre des puiffances de l'Europe, fans la reffource qu'elle a trouvée dans son commerce avec ses colonies, & qu'elle se pénètre bien de cette vérité, qu'il n'existe dans toute l'étendue du globe aucune contrée qui lui offre la réparation de la perte qu'elle se prépare, & qu'en perdant ses colonies, sa marine ne sera jamais en état de faire aucune conquête.

Par quelle fatalité la France seroit-elle destinée à périr par le fanatisme de l'humanité, dans un siècle de philosophie égoïste, après avoir cicatrisé la plaie mortelle qu'elle a reçue par celui de la religion, dans un temps plus brillant peut-être, mais moins éclairé sans doute.

Mais quel que soit le sort que la France prépare à la colonie de Saint-Domingue, elle ne périra pas avec elle, elle survivra aux malheurs de sa métropole, & déjà, sans doute, on lui prépare dans l'Europe l'assistance que la France la menace de lui refuser. Occupons-nous donc de tout ce qui peut déchirer le voile qui dérobe à la France les suites des événemens qu'elle rendroit peut-être nécessaires par un plus long aveuglement.

Sous ces rapports, qui ne sont pas étrangers à la constitution de Saint-Domingue, considérons donc, avec une attention aussi éclairée qu'exempte de passions, tous les obstacles qui peuvent en retarder les progrès; portons nos regards inquiets jusque sur ces ressorts cachés qui se dérobent à l'œil par leur apparente foiblesse : l'organisation du corps politique, semblable à celle des corps humains, a besoin d'une surveillance constante, & d'une étude profonde de ses principes de vie & de conservation.

Soumettons donc à l'examen, tout ce qui peut conduire, sinon à la plus parfaite, du moins à la plus douce constitution de Saint-Domingue, soit dans ses rapports avec la France, soit dans sa police intérieure.

QUESTIONS A DÉVELOPPER.

Le commerce de France peut-il fournir aux besoins de la colonie, accrus par ses établissemens ?

Peut-on, sans danger & avec succès ouvrir à Saint-Domingue un commerce étranger, avec toutes les nations ?

La situation des États-Unis de l'Amérique, la disette des bois à Saint-Domingue, les secours substantiels dont la colonie a quelquefois besoin, établissent-ils quelques rapports de commerce nécessaire ? Quelles précautions peuvent le resserrer dans une juste mesure des convenances avec le commerce de France & l'intérêt de celui des États-Unis ?

La culture est-elle languissante dans quelque partie importante de Saint-Domingue ; a-t-elle besoin d'encouragement ; quelles mesures pour les introduire utilement ? Son état d'inertie & la défectuosité de ses productions, tiennent-elles essentiellement à la foiblesse de ses moyens ; ne sont-elles point inhérentes à la qualité du sol & à l'imperfection de la fabrication ?

La police intérieure est-elle suffisamment assurée ? La Milice bourgeoise peut-elle avoir quelqu'influence sur le maintien de l'ordre & la discipline ; peut-elle servir utilement dans une attaque ? Ne pourroit-on point lui substituer quelques corporations destinées à la surveillance publique, & à l'exécution des loix, sans recourir à l'autorité militaire ?

L'excessive quantité de Nègres dans les villes est-elle politique, dans un pays sur-tout où la culture manque de bras ; ne pourroit-on point employer plus utilement aux besoins des arts & des métiers, comme au service personnel de cette nombreuse population, des gens libres, qui restent dans une inaction nuisible ?

FIN.

On trouve chez l'Imprimeur de cet Ouvrage, l'*Examen rapide du cahier de doléances de la Colonie, remis pour Instructions à MM. les Députés de la Partie du Nord*, Brochure de 22 pages, en petit caractère, par le même Auteur : Prix, *un Gourdin.*

www.ingramcontent.com/pod-product-compliance
Lightning Source LLC
LaVergne TN
LVHW020253230826
846091LV00006B/2388
* 9 7 8 2 0 1 3 4 6 2 0 4 4 *